CONFÉRENCE BONCENNE

(Palais de Justice de Niort)

LA RÉFORME HYPOTHÉCAIRE

SUJET TRAITÉ DANS LA SÉANCE DU 24 AVRIL 1901

PAR

LUDOVIC BOSC

RECEVEUR-RÉDACTEUR

Près la Direction de l'Enregistrement et des Domaines

A Niort

NIORT

IMPRIMERIE TH. MERCIER

1, rue Yver, 1

1901

LA RÉFORME HYPOTHÉCAIRE

CONFÉRENCE BONCENNE

(Palais de Justice de Niort)

LA RÉFORME HYPOTHÉCAIRE

SUJET TRAITÉ DANS LA SÉANCE DU 24 AVRIL 1901

PAR

LUDOVIC BOSC

RECEVEUR-RÉDACTEUR

Près la Direction de l'Enregistrement et des Domaines

A Niort

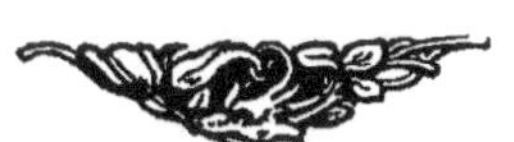

NIORT

IMPRIMERIE TH. MERCIER

1, rue Yver, 1

—

1901

LA RÉFORME HYPOTHÉCAIRE

Notre système hypothécaire, tel qu'il est établi par le Code civil et par la loi du 23 mars 1855, a été l'objet de nombreuses critiques dont l'examen approfondi nécessiterait plus de temps que n'en comporte la durée habituelle d'une de nos séances hebdomadaires, et dépasserait, comme l'on dit au Palais, les limites de ma compétence.

Je me bornerai donc à examiner, avec vous, ce soir, tout ce qui, dans ces critiques, a trait à l'hypothèque légale des femmes mariées et des mineurs, à l'hypothèque judiciaire, ainsi qu'à la sécurité du titre foncier, et je vous signalerai, en même temps, les améliorations que nos législateurs pourraient immédiatement apporter à notre système hypothécaire.

§ Ier. De l'hypothèque légale

L'hypothèque légale de la femme mariée sur les biens de son mari et celle du mineur sur les biens de son tuteur sont, comme vous le savez, occultes et générales :

Occultes, puisque, d'après l'article 2135 du Code civil, complété par la loi du 23 mars 1855, elles sont dispensées d'inscription, au moins jusqu'à la dissolution du mariage ou la cessation de la tutelle ;

Générales, puisque, d'après l'article 2122 du même Code, elles grèvent tous les immeubles présents ou à venir du mari ou du tuteur.

Contre les surprises désagréables qu'entraîne pour les

tiers, le défaut de publicité. de l'hypothèque légale pendant la durée de la vie conjugale ou de la tutelle, le législateur a organisé la purge, mais tous s'accordent à dire que le remède est trop compliqué.

Quant à la généralité des hypothèques légales, elle est exorbitante.

On ne s'explique pas; en effet, qu'une créance de la femme contre son mari, du mineur contre son tuteur, si minime qu'elle soit, ait pour gage tous les immeubles du mari ou du tuteur, alors surtout, en ce qui concerne ce dernier, que la tutelle n'est pas un acte volontaire, mais plutôt une charge publique à laquelle nul ne peut se soustraire.

Comment faire disparaître ces inconvénients ?

Les uns ont proposé de supprimer purement et simplement, comme en Belgique, l'hypothèque légale, pour la remplacer par une hypothèque conventionnelle soumise à toutes les règles ordinaires de la publicité et de la spécialité.

Ce système est évidemment incomplet.

La stipulation d'une hypothèque et son inscription immédiate se conçoivent lors de la rédaction du contrat de mariage ou de la constitution de la tutelle.

Mais il est matériellement, sinon légalement, impossible qu'une femme mariée, au cours du mariage, qu'un mineur, au cours de la tutelle, stipulent et fassent inscrire sur les biens du mari ou du tuteur, au moment où une cause de créance se présente, une nouvelle hypothèque destinée à garantir cette créance.

Il faut donc, ce semble, se prononcer pour le maintien d'une hypothèque existant de plein droit, par la seule force de la loi, d'une hypothèque légale assurant le remboursement des créances de la femme contre le mari, du mineur contre le tuteur. ·

Peut-on se contenter d'une inscription unique au commencement du mariage ou de la tutelle, en lui conservant son caractère de généralité ?

Evidemment non ! Qu'apprendrait aux tiers une inscription se bornant à faire connaître que tous les biens présents et à venir du mari ou du tuteur sont grevés d'une hypothèque légale ?

Tant que le mariage ou la tutelle dure, une telle inscription peut être illusoire, puisque le mari ou le tuteur n'a, pour y soustraire les biens dont il se se rend acquéreur, qu'à dissimuler sa qualité.

Lorsque le mariage ou la tutelle a pris fin, la même inscription devient inutile puisque les tiers sont alors protégés, autant qu'ils peuvent l'être, par l'article 8 de la loi du 23 mars 1855.

On est ainsi amené à décider que l'inscription de l'hypothèque légale doit révéler, non seulement l'existence d'une hypothèque légale, mais encore la somme conservée, en un mot, qu'elle doit être spéciale.

Pour arriver à ce résultat, on a proposé de soumettre à la transcription totale ou partielle, tous les actes constatant la naissance d'une créance de la femme contre son mari, du mineur contre son tuteur.

Le moyen est excellent en principe, mais il ne faut pas oublier que la publicité parfaite ne sera jamais atteinte.

On peut, en effet, supposer :

Une femme sans contrat ;

Une tutelle sans inventaire ;

Une succession recueillie par la femme et non inventoriée.

Dans tous ces cas, la somme à inscrire ne peut être sérieusement déterminée.

A qui incomberait la responsabilité d'une évaluation qui, en cas d'insuffisance, laisserait la femme ou le mineur à découvert, et en cas d'exagération, nuirait au crédit du mari ou du tuteur ?

Puisqu'il est certain que les tiers ne pourraient pas être avertis en toute hypothèse, des créances grevant les biens du mari ou du tuteur, la demi-mesure proposée risquerait de compromettre les intérêts, soit des créanciers qu'on veut mettre en garde contre l'hypothèque légale, soit des incapables qu'on veut protéger.

Il paraît, en conséquence, plus sage de se contenter d'une publicité très relative, en adoptant, par exemple, le programme suivant tracé par la Cour de Cassation en 1843 :

Maintien de l'hypothèque légale et de la dispense de l'inscrire ;

Tenue, dans chaque conservation d'hypothèques, d'un registre destiné spécialement à l'insertion des notices de tous les actes qui peuvent donner ouverture à un droit d'hypothèque légale ;

Rédaction de ces notices par les notaires, pour les actes de leur ministère ; par les juges de paix, pour les procès-verbaux des délibérations des conseils de famille ; par les receveurs de l'enregistrement, pour les documents soumis à l'enregistrement ;

Insertion de ces notices dans un délai déterminé, sous peine d'amende ;

Mais maintien des droits des parties contractantes, en cas d'inexécution ou d'omission de ces formalités qui n'auraient dès lors qu'un caractère préventif.

§ II. De l'hypothèque judiciaire

L'hypothèque judiciaire est attaquée plus violemment encore que l'hypothèque légale, par les commentateurs du Code civil qui lui adressent les reproches suivants :

1º En matière conventionnelle, un acte authentique

n'emporte pas, par lui-même, hypothèque : il faut que l'hypothèque soit expressément consentie par le débiteur.

Pourquoi un jugement emporterait-il par lui-même hypothèque, alors qu'il n'est, en réalité, qu'un acte authentique ?

2º N'y a-t-il pas quelque chose d'exorbitant dans le pouvoir qu'ont les tribunaux de conférer une hypothèque par le jugement ?

Le juge se substitue ainsi à la volonté des parties dont l'une n'a pas demandé et dont l'autre n'a pas consenti d'hypothèque.

3º Le créancier qui a déjà un titre exécutoire et qui a été assez négligent pour ne pas se faire consentir une hypothèque ne devrait avoir, en cas de non paiement, que le droit de provoquer l'exécution de son titre, sans pouvoir, par un jugement, se faire accorder une hypothèque sur les biens du débiteur.

Si le créancier n'a qu'un titre privé, il ne devrait pouvoir demander au juge que le droit d'exécution.

4º C'est à qui, parmi les créanciers, cherchera à se procurer le premier, par voie de jugement, une hypothèque sur les biens du débiteur. L'hypothèque judiciaire devient le prix de la course. Elle profite en premier lieu au créancier le plus âpre ou le mieux renseigné sur la situation du débiteur. N'y a-t-il pas là une grande injustice ?

5º Enfin, par sa généralité, l'hypothèque judiciaire déprécie les biens souvent considérables du débiteur et occasionne une recrudescence de poursuites de la part des créanciers auxquels elle inspire des craintes.

Ces critiques peuvent facilement être réfutées :

1º Si le législateur a attaché une hypothèque aux jugements et non aux actes notariés, malgré leur caractère commun d'authenticité, c'est qu'il a voulu donner plus d'autorité à la décision du juge qu'à l'acte de l'officier public.

2° Ce n'est pas le juge qui confère l'hypothèque judiciaire, c'est la loi.

Or, la loi n'accorde pas ainsi au créancier une faveur plus grande que celle qu'elle accorde à l'incapable pourvu d'une hypothèque légale, alors même qu'on ne sait pas s'il sera jamais créancier.

3° Qui peut se plaindre de l'hypothèque judiciaire ?

Ce n'est pas le condamné qui doit s'attendre à tout, puisqu'il n'a pas exécuté ses engagements.

Ce ne sont pas les futurs créanciers hypothécaires, puisqu'ils n'existent pas encore.

Enfin, ce ne sont pas les créanciers chirographaires puisqu'ils savent que leurs créances seront primées par les créances hypothécaires et qu'ils ne peuvent, d'un autre côté, s'étonner que le plus diligent d'entre eux soit favorisé.

4° Loin de rendre intenable la situation du débiteur, la garantie que l'hypothèque judiciaire assure au créancier empêche celui-ci d'exécuter immédiatement celui-là. Le débiteur peut d'ailleurs, par la subrogation accompagnée d'une restriction conventionnelle de l'hypothèque, se procurer des fonds et dégrever une partie de ses biens.

5° Le seul inconvénient sérieux que présente l'hypothèque judiciaire, c'est qu'elle favorise, dans un cas particulier, certains créanciers chirographaires, au détriment de créanciers de même ordre, auxquels on ne peut reprocher la moindre négligence.

Supposons, en effet, deux créances chirographaires exigibles à la même époque, l'une établie par sous-seing privé, l'autre par acte authentique.

Le créancier de la première peut, avant l'exigibilité de la dette, agir en reconnaissance d'écriture, obtenir la constatation judiciaire de sa créance et, par suite, une hypothèque générale sur les biens du débiteur.

Sans doute, la loi du 3 septembre 1807 oblige ce créancier à attendre l'échéance pour faire inscrire son hypoque ; il n'en est pas moins vrai que lorsque l'échéance arrive, il est armé.

Tout autre est la situation du créancier de la dette authentique. Il ne pourra obtenir jugement avec hypothèque, qu'après l'échéance de la dette, ce qui entraînera toujours une perte de temps relativement considérable dont bénéficiera le créancier détenteur du titre sousseing privé.

.On devrait, ce semble, abroger l'article 2123 dans la deuxième partie de son premier alinéa, ainsi que la loi du 3 septembre 1807, c'est-à-dire retrancher du nombre des jugements emportant hypothèque judiciaire, ceux qui n'auraient d'autre objet qu'une reconnaissance d'écriture.

D'un autre côté, il paraît possible d'obvier aux inconvénients de la généralité de l'hypothèque judiciaire, en permettant au tribunal de restreindre, dans son jugement, l'étendue de cette hypothèque.

Sans doute, cette restriction sera souvent délicate à cause de l'évaluation des biens et de leur situation quant aux hypothèques occultes, mais on tournera facilement l'obstacle en exigeant :

1º Du créancier, un état de la situation du débiteur ;

2º Du débiteur, soit une déclaration, au besoin garantie par une caution, qu'il n'a pas exercé de fonctions emportant hypothèque légale, soit la preuve qu'il s'est libéréré.

Pour tout dire, l'article 2123 du Code civil devrait être ainsi modifié :

« L'hypothèque judiciaire résulte des jugements soit » contradictoires, soit par défaut, définitifs ou provisoi- » res, en faveur de celui qui les a obtenus.

» Toutefois, elle ne peut résulter de simples reconnais-
» sances ou vérifications, faites en justice, des signatures
» apposées au pied d'un acte obligatoire sous-seings
» privés.

» Elle peut s'exercer sur les immeubles actuels du
» débiteur et sur ceux qu'il pourra acquérir.

» Les juges devront, néanmoins, sur les poursuites et
» diligences du débiteur, et si celui-ci établit péremptoi-
» rement qu'un seul ou plusieurs de ses immeubles
» offrent un gage suffisant pour assurer l'exécution de la
» condamnation, restreindre à ce ou à ces immeubles,
» l'hypothèque à prendre par le créancier en vertu du
» jugement. »

§ III. **De la sécurité du titre foncier**

De même que l'hypothèque légale et que l'hypothèque
judiciaire, les mesures prises par le législateur pour la
constatation des droits immobiliers ont paru présenter de
graves inconvénients,

Ces mesures ont pour base, comme nul ne l'ignore ici,
la formalité de la transcription qui rend opposable aux
tiers les mutations de la propriété immobilière :

1º Or, la transcription est *facultative*, de sorte que le
Conservateur des hypothèques consulté sur la question
de savoir si tel immeuble est encore entre les mains de
telle personne, peut, de bonne foi, répondre affirmative-
ment, alors que, plusieurs jours après, la transcription
d'une vente vient démentir son affirmation.

2º La transcription est *spéciale* aux actes entre-vifs
translatifs ou constitutifs de droits immobiliers ; elle ne
s'applique ni aux transmissions par voie d'hérédité ni aux
actes déclaratifs.

3º La transcription est *insuffisante*, en ce qu'elle ne
garantit nullement l'acquéreur contre les droits et actions

qui, indépendamment du fait de son auteur, peuvent affecter son titre d'acquisition et le résoudre à un moment donné. Toutes les causes de nullité, de rescision, de résolution ou de révocation reconnues par la loi civile sont opérantes, après comme avant la transcription, tant contre l'acquéreur qu'à l'égard de ses ayants-cause.

4° Les registres hypothécaires ne permettent pas au Conservateur de dire si tel immeuble est grevé d'hypothèques et pour quel chiffre ; quelle en est la valeur vénale ; quelle est l'origine de propriété.

En effet, les inscriptions et les transcriptions ne sont pas groupées sous le nom de l'immeuble qu'elles affectent, mais bien sous celui du propriétaire qu'elles concernent. En d'autres termes, toutes les recherches dans les conservations ont lieu sous le nom des personnes qui ont successivement possédé l'immeuble, de sorte que si, dans la série des précédents propriétaires, il en est qui ont acquis par voie d'hérédité, les investigations s'arrêtent nécessairement, puisque le registre du Conservateur ne fournit aucune donnée sur les transmissions par décès.

Le Conservateur peut donc faire connaître seulement la situation hypothécaire de l'individu, propriétaire apparent de l'immeuble, et non celle de l'immeuble.

En un mot, le législateur a caché la terre derrière son propriétaire qui n'est cependant qu'un passant, alors que c'est l'histoire de l'immeuble qu'il serait intéressant de suivre, puisque l'immeuble a une vie propre, indépendante de ses possesseurs.

5° Enfin, la situation hypothécaire d'un individu est souvent difficile à déterminer, tant par suite de l'inexactitude des noms ou prénoms portés soit dans les actes soit dans les réquisitions présentés au Conservateur, qu'à raison des homonymes très nombreux dans certains départements.

Les erreurs qui en résultent ne compromettent pas moins les intérêts des tiers que ceux des Conservateurs dont elles engagent directement la responsabilité.

Pour remédier à ces inconvénients, on a proposé deux systèmes absolument différents :

Le premier a pour fondement la réfection du cadastre et pour but la création du livre foncier à force probante.

Le deuxième a pour moyen la création d'un répertoire foncier et, pour corollaire, l'amélioration du cadastre.

Le premier système s'appelle le système Torrens, bien qu'en réalité son invention soit due à un avocat parisien, Alphonse Decourdemanche, qui, repoussé en France, l'offrit à l'Angleterre pour ses colonies vers 1829.

Il est appliqué déjà en Australie, en Allemagne, en Tunisie.

Il consiste essentiellement :

1º Dans un registre semblable à nos registres de l'état-civil, dans lequel chaque immeuble a une page qui lui est spécialement affectée avec son plan, son signalement, et sur laquelle est relatée en quelque sorte l'histoire de l'immeuble, depuis le jour où il est entré dans le domaine de la propriété foncière ;

2º Dans un titre (reproduction exacte, quelquefois même photographique, de la feuille de registre) qui, remis entre les mains du propriétaire, représente absolument l'immeuble lui-même et peut, à sa place, être cédé, donné en gage par un simple endos, de même que le warrant qui représente des marchandises.

Le propriétaire peut également prendre hypothèque sur son propre immeuble, en requérant le Conservateur de porter sous son nom, au Livre foncier, une ou plusieurs inscriptions dont il se fait délivrer un extrait, en vue de le transmettre par endossement, et de se procurer ainsi de l'argent sans recourir à la rédaction d'un acte notarié.

Le registre de la propriété foncière s'appelle *Registration of Title*, en Australie ; *Grundbuch*, en Allemagne ; *Livre foncier*, en Tunisie.

La page affectée à chaque immeuble est le feuillet réel.

La copie de cette page, remise au propriétaire, est le bon foncier.

L'extrait du titre, portant inscription au nom du propriétaire, est la cédule hypothécaire.

L'établissement du livre foncier, ainsi constitué, comporte les opérations suivantes :

1° Détermination physique de chaque immeuble par l'indication du numéro, de la section, du lieu dit, de la contenance, du périmètre ;

2° Détermination juridique de chaque immeuble par l'indication de tous les faits constitutifs d'un droit réel, d'une charge quelconque sur la propriété (baux, servitudes, hypothèques) ;

3° Immatriculation de chaque immeuble au nom du propriétaire ;

4° Rattachement fictif de tous les feuillets réels représentant les immeubles appartenant au même proriétaire dans la même commune, en vue de constituer un feuillet réel unique susceptible de recevoir mention des charges ou engagements collectifs qui se rapportent aux dits immeubles.

Ce groupement forme ce qu'on appelle soit l'unité foncière, soit l'îlot réel, soit l'archipel.

Grâce à ce système, disent ses partisans, la propriété immobilière se trouve mobilisée et sa transmission s'effectue très rapidement ; le crédit agricole est créé par le seul usage des cédules hypothécaires ; la simplicité est substituée à la complication ; les frais de purge sont évités ; l'Etat devient un véritable officier de l'état-civil pour la propriété foncière et les extraits qu'il délivre ont une force probante absolue qui exclut toute incertitude et assure la sécurité des titres fonciers.

Ce système est préconisé en France par MM. Challemel et Neymark, publicistes ; M. Brouillet, secrétaire de la Société d'économie politique de Lyon. Il est partiellement admis par M. de France de Tersant, conservateur des hypothèques à Paris, et par M. Besson, chef de bureau à la Direction générale de l'enregistrement.

La célèbre commission du cadastre, réunie en 1891 par le ministre de la justice, en a fait la base de ses discussions.

Mais les adversaires de ce système sont nombreux. Au sein même de la commission du cadastre, il a été combattu par M. Liotard-Vogt, alors directeur général de l'enregistrement, et par M. Fabre, alors vice-président des notaires des départements.

Le Congrès international de la propriété foncière, réuni à Paris en 1892, a refusé d'examiner, comme inopportunes, les propositions qui lui étaient soumises relativement à la création du livre foncier.

En 1893, la Société des agriculteurs de France a protesté contre cette création.

Enfin, le livre foncier a été condamné par le Congrès de la propriété bâtie, réuni à Lyon en 1894.

Les objections qu'on a faites à l'établissement du livre foncier sont d'ordre économique, d'ordre financier, d'ordre pratique.

AU POINT DE VUE ÉCONOMIQUE :

1° N'y a-t-il pas de graves inconvénients à transformer la terre en un capital circulant comme la lettre de change ?

La lettre de change a pour elle le double avantage d'avoir

depuis longtemps fait ses preuves et de ne pas sortir du domaine commercial.

Si l'on crée des bons fonciers, l'Etat, chargé de servir le compte de la propriété foncière, sera tenté, dans un jour de détresse, de mettre lui-même en circulation les titres immobilisés entre ses mains, d'en décréter le cours forcé.

Si l'on autorise les cédules hypothécaires, c'est la porte ouverte aux spéculations qui ont déjà anéanti le crédit de la République-Argentine ; c'est l'émigration, à l'étranger, des titres de propriété relatifs au territoire français ; c'est l'annexion lente, mais sûre de ce territoire aux pays voisins.

2º La circulabilité ne profitera qu'aux prêteurs. Le titre pourra se déplacer tous les mois, toutes les semaines, tous les jours. Mais le capital emprunté restera, aujourd'hui comme hier, entre les mains de l'emprunteur, de sorte que l'agriculture ne pourra pas disposer de capitaux plus importants.

D'un autre côté, l'emprunteur ne saura jamais à un moment donné, si le porteur du titre ne voudra pas en réaliser la valeur par la prise de possession de la terre. C'est dire que les chances d'éviction de l'emprunteur augmenteraient en raison directe des changements de détenteur du bon foncier.

AU POINT DE VUE FINANCIER :

1º L'Etat, chargé de délivrer les titres de propriété, assumera une grande responsabilité. Puisque les titres délivrés auront force probante, il devra évidemment garantir toutes les ventes consenties sur le territoire, alors que les causes de nullité radicale, d'annulation, de revision, de résolution des contrats sont innombrables. Il devra répondre des évictions qui viendront à se produire et qui seront fréquentes dans un pays comme la France où les titres de propriété sont enchevêtrés et compliqués.

A qui incomberont les dommages-intérêts réclamés de ce chef ?

Ce ne peut être au conservateur, qui n'a pas qualité pour apprécier la validité des titres.

Il s'ensuit que l'Etat sera seul responsable.

Comment fera-t-il face à cette responsabilité ? Évidemment en se faisant son propre assureur, en augmentant par suite l'impôt déjà si lourd qui frappe les mutations immobilières.

2° A ces dépenses d'application, il faudrait ajouter les dépenses d'exécution, tels que les frais de réfection du cadastre comprenant pour chaque parcelle un bornage et la confection d'un plan.

Ces frais s'élèveraient, selon les uns, à 500 millions ; selon les autres, à un milliard.

Est-il possible d'augmenter la dette de l'Etat par l'emprunt d'une somme aussi considérable ou de mettre ces frais à la charge des communes, avec autorisation de percevoir de nouveaux centimes additionnels ?

Ainsi que le faisait remarquer en 1891, M. Fabre, vice-président des notaires des départements, les agriculteurs préféreraient certainement le statu quo à une réorganisation aussi coûteuse du cadastre.

Vainement objecterait-on qu'ils trouveraient une compensation dans une meilleure répartition de l'impôt foncier qui s'élève à 103 millions en principal. Suivant l'amusante boutade de M. Cheysson, « l'idée de dépenser un milliard » pour mieux répartir 103 millions, évoquerait l'image » d'un marteau-pilon installé pour casser une noisette. »

AU POINT DE VUE PRATIQUE :

1º Les opérations de bornage ne pourront être terminées que dans 15 ou 20 ans.

2º L'abornement de chaque parcelle devant être contradictoire pour être opposable à tous, aura pour effet de réveiller un grand nombre de litiges qui sommeillent actuellement.

3º La constitution juridique de chacune des 150 millions de parcelles existant actuellement en France ne pourra être déterminée qu'à deux conditions.

C'est que, d'une part, on invitera tous les possesseurs actuels à justifier de leurs titres de propriété et que, d'autre part, on sommera tous les créanciers connus ou éventuels de requérir immédiatement inscription de leurs hypothèques.

Il n'est pas douteux qu'on créera ainsi, dans tout le pays, une agitation extraordinaire et que les propriétaires ruraux se plieront mal aux formalités qu'on exigera d'eux.

4º Les notaires perdront le produit des ventes et des obligations hypothécaires, puisque le transfert des bons fonciers et la création des cédules hypothécaires auront lieu sans leur intervention.

5º D'un autre côté, si le système actuellement en vigueur cache la terre derrière son propriétaire, ne faut-il pas reconnaître que le livre foncier cache l'individu derrière la terre ?

Avec le nom du propriétaire, je puis connaître actuellement la situation hypothécaire de ce dernier et ignorer la condition particulière d'un immeuble déterminé.

Avec le livre foncier, je connaîtrai, il est vrai, cette condition, mais, pour être fixé sur la situation hypothécaire d'un individu, il me faudra rechercher et signaler au

Conservateur tous les immeubles que cet individu possède.

Enfin, s'il se produit actuellement de graves confusions de noms qui entraînent en cas d'erreur, pour le Conservateur, une lourde responsabilité, n'est-il pas à craindre que le livre foncier ne soit la source de confusion entre les immeubles dont les lieux dits désignent souvent plusieurs parcelles ?

Pour tous ces motifs, les adversaires du livre foncier paraissent fondés à soutenir que le système proposé, susceptible de rendre de grands services dans les pays neufs tels que l'Australie et la Tunisie, est inapplicable dans les pays où, comme en France la propriété immobilière est depuis longtemps morcelée à l'infini.

La réforme hypothécaire peut d'ailleurs être effectuée en France, sans qu'il soit nécessaire d'imiter l'Australie ou l'Allemagne.

Sans doute l'immeuble doit avoir un compte spécial.

« L'immeuble, dit à ce sujet M. Chastenet, député de
» Libourne, est la source du crédit territorial, le gage des
» sommes dont sa propre valeur vénale fixe la mesure,
» et, par suite, l'objet essentiel de l'attention des contrac-
» tants, puisqu'il emporte ses dettes et ses charges avec
» lui, sans qu'on ait à se préoccuper du détenteur, et
» c'est autour de l'immeuble que doivent se grouper,
» dans l'ordre des évènements, tous les éléments juridi-
» ques dérivant des conventions des parties. »

Mais le compte de l'immeuble peut être facilement créé, sans bouleversement de notre régime hypothécaire et sans réfection du cadastre. .

Le but peut être atteint par les mesures suivantes qui constituent, dans leur ensemble, le second système proposé par les réformateurs :

1° Maintien à la conservation des hypothèques, du répertoire par individu et amélioration de ce répertoire par l'établissement d'un casier civil pour chaque individu ;

2º Création, à côté du répertoire par individu, d'un répertoire par immeuble ;

3º Extension de la transcription obligatoire ;

4º Suppression de la formalité matérielle de la transcription ;

·5º Amélioration du cadastre.

Chacune de ces mesures mérite un examen approfondi :

I. L'expérience démontre, d'une part, que le répertoire individuel ne permet pas au Conservateur de fournir avec certitude, par suite de la confusion des noms, un certificat complet sur un propriétaire d'immeubles.

D'autre part, les tiers ne sont pas exactement renseignés sur l'état-civil des personnes avec lesquelles ils contractent.

Ne convient-il pas, puisque les actes de naissance sont déposés tant à la mairie qu'au greffe du tribunal d'arrondissement, de faire affluer à l'acte de naissance, non pas seulement le mariage et le divorce déjà mentionnés en marge de cet acte, mais encore tous les faits juridiques qui intéressent la personnalité civile (séparation de corps, séparation de biens, déclaration de faillite, nomination de conseil judiciaire, privation de droits civils, décès) ?

On créerait ainsi dans la mairie du lieu de naissance et. au greffe du tribunal de l'arrondissement, un casier civil faisant ressortir toutes les modifications qui surviendraient dans la capacité et dans l'état-civil d'un individu.

Ces modifications seraient obligatoirement portées à la connaissance de la mairie et du greffe compétents, par les maires ou les procureurs de la République ou les juges de paix, suivant que le fait à signaler résulterait d'un acte de l'état-civil, d'un jugement ou d'une délibération d'un conseil de famille.

On obligerait les parties à produire à l'appui de chaque acte ou jugement relatif à des droits immobiliers, de chaque déclaration de mutation par décès, un extrait dudit casier, ce qui permettrait au conservateur de tenir très soigneusement le répertoire individuel et de fournir aux tiers des renseignements exacts sur la situation hypothécaire d'un individu.

II. Pour que le conservateur puisse établir le relevé complet des charges qui grèvent un immeuble déterminé, il faut qu'il ait sous la main un répertoire foncier par commune et par parcelle, avec référence au répertoire individuel pour la recherche de l'état-civil du propriétaire.

Le répertoire foncier devant présenter l'histoire de chaque parcelle, tout ce qui intéressera ladite parcelle devra être relaté sur le répertoire foncier.

Or, la loi du 23 mars 1855 ne soumet à la transcription que les actes réunissant le double caractère d'actes entre vifs et d'actes translatifs de propriété ou constitutifs de droits réels.

Pourquoi ne pas faire mentionner ou transcrire sur les registres de la conservation :

1º Tous les faits juridiques qui engendrent une indivision : mutations par décès, testaments, donations de biens à venir, actes constitutifs de société ;

2º Ceux qui font cesser une indivision : partages testamentaires, partages ordinaires d'une succession, d'une communauté, d'une société ;

3º Ceux qui reconnaissent ou précisent un droit immobilier : jugements ou transactions relatifs aux questions de propriété ?

Sans doute l'extension de la transcription augmenterait considérablement le travail des conservateurs.

Mais on peut remédier facilement à cet inconvénient en supprimant la besogne matérielle de la transcription, sur un registre, des actes assujettis à la publicité et en la remplaçant par le dépôt, à la conservation, de deux expéditions de chacun de ces actes.

L'un des doubles revêtu tant du visa du conservateur que de la relation des droits et salaires perçus, serait restitué au déposant ; le second serait enliassé par les soins du conservateur qui le retrouverait facilement en établissant les références nécessaires sur le registre des dépôts utilisé comme aujourd'hui pour donner date certaine à la formalité.

III. Le répertoire foncier ne peut être tenu par parcelle que si chaque parcelle est déterminée physiquement dans chacun des actes où elle est relatée.

Le cadastre actuel, constituant déjà un commencement de preuve pour la sécurité du titre foncier, (puisque l'article 12 de la loi du 22 frimaire an VII fait de l'inscription au rôle le motif qui permet de considérer une mutation comme établi et d'en réclamer les droits), il y a lieu, ce semble, de déterminer chaque parcelle par les indications cadastrales.

Ces indications sont déjà fournies :

1º En matière de saisie-immobilière, le procès-verbal de saisie devant, aux termes de l'article 675 du Code de procédure civile, contenir la copie littérale de la matrice du rôle de la contribution foncière pour les articles saisis ;

2º En matière d'échanges d'immeubles ruraux qui ne peuvent bénéficier du tarif réduit édicté par la loi du 3 novembre 1884, que s'ils renferment la copie de la matrice cadastrale en ce qui concerne les parcelles échangées.

Il est, dès lors, tout naturel d'étendre à tous les actes notariés et sous-seings privés ayant trait à la propriété immobilière, l'obligation de reproduire textuellement pour chaque parcelle les énonciations cadastrales.

Cette mesure permettrait de reconnaître l'identité d'un immeuble.

Sans doute, le cadastre actuel présente des lacunes et des inexactitudes qui tiennent : les premières, aux mutations secrètes ; les autres, aux mutations erronées.

Les mutations secrètes sont une conséquence de l'accroissement des actes sous-seings privés, pour la plupart informes, dénués de valeur juridique, muets sur l'origine de propriété, souvent soustraits à la formalité de l'enregistrement et presque jamais transcrits.

On peut, en conséquence, se demander s'il ne serait pas opportun d'imposer la forme authentique pour tout acte concernant des droits immobiliers.

Quant aux mutations erronées, elles sont dues à la manutention défectueuse des matrices cadastrales.

En droit, l'article 36 de la la loi du 13 brumaire an VII porte que les mutations sur la matrice cadastrale sont faites à la diligence des parties.

En fait, les intéressés ne se remuent guère disant, avec raison d'ailleurs, qu'on sait bien les trouver pour leur réclamer l'impôt foncier, même quand l'immeuble n'est pas à leur cote, et qu'on peut bien également opérer d'office, le cas échéant, la rectification de cette cote.

Ce sont les Contrôleurs des Contributions directes qui sont chargés des mutations. Ils relèvent, à cet effet, sur des formules *ad hoc*, tous les actes translatifs de propriété immobilière, au vu des registres du bureau d'enregistrement, et utilisent les renseignements fournis par ces extraits pour les modifications à inscrire sur la matrice cadastrale.

Il faut l'avouer, ce service est mal fait.

D'un côté, les actes enregistrés sont souvent muets sur les énonciations cadastrales.

D'un autre côté, les personnes auxquelles les Contrôleurs confient le soin de rédiger les extraits, n'apportent pas dans ce travail, la méthode et l'intelligence désirables.

De plus, les Contrôleurs se bornent à transmettre les extraits aux Percepteurs, pour l'application à la matrice cadastrale. Les Percepteurs se déchargent de la besogne sur les Secrétaires de mairies, lesquels attendent patiemment la réquisition des intéressés.

C'est ce qui explique pourquoi tant de mutations sont omises ou inexactes.

M. Boudenoot, président de la Commission du cadastre, reconnaissait lui-même qu'un immeuble situé à Roubaix, acquis par lui en 1887, était encore, en 1897, coté au nom de l'ancien propriétaire.

La logique la plus élémentaire commande de confier le travail des mutations aux receveurs de l'enregistrement, sans passer par tant d'intermédiaires.

Tous les actes de mutation par décès ou entre vifs sont étudiés par les receveurs, au point de vue de la perception des droits et du contrôle des prix et revenus. Les receveurs sont donc mieux placés que n'importe qui pour tenir au courant les matrices des rôles et les états de section, alors surtout qu'ils ont entre les mains les pièces originales qui constatent la mutation.

On est ainsi conduit à demander le dépôt dans chaque bureau d'un double des états de section et des matrices des cantons qui en dépendent. Ce double ne serait jamais déplacé. Les modifications qui y seraient apportées par les receveurs seraient reproduites mensuellement par les secrétaires de mairie sur le double déposé dans les communes.

Quant à l'entretien des plans qui seraient déposés à la conservation des hypothèques, il serait confié à un service technique rattaché à la conservation.

Si l'on remarque que, sur 100 propriétés, on a trouvé pour une période de 20 ans, 34 propriétés n'ayant pas changé de mains, 48 n'ayant été l'objet que d'une seule mutation, 12 ayant fait l'objet de deux mutations, 6 ayant été divisées à la suite d'un partage ou fractionnées par lotissement, on constate qu'il est inutile de nommer autant de géomètres qu'il y a de bureaux d'hypothèque. Un géomètre par département suffirait. Il visiterait les propriétés divisées et se transporterait dans les communes pour y mettre au courant les plans cadastraux. Les changements ainsi établis seraient reportés sur les plans municipaux par les agents-voyers et les conducteurs des ponts et chaussées.

Supposons toutes ces réformes adoptées.

Le Conservateur des hypothèques; s'appuyant, d'une part, sur son répertoire individuel, d'autre part, sur son répertoire foncier, centralisant tous les faits juridiques qui intéressent la propriété immobilière, éclairé, par les extraits du casier civil, sur l'identité des personnes et, par l'examen du plan cadastral, sur l'identité des immeubles, serait en mesure de fournir aux tiers des renseignements précis, complets, indiscutables, tant sur la situation hypothécaire d'un individu désigné que sur celle d'un immeuble déterminé.

Le cadastre serait méthodiquement et pour ainsi dire automatiquement refait, sans grands frais pour le contribuable.

En un mot, la réforme hypothécaire se trouverait facilement et promptement réalisée.

Ce second système, qui parait plus pratique que le livre foncier à force probante, et surtout plus conforme à nos traditions, a recueilli de nombreux suffrages et fait, totalement ou partiellement, l'objet de vœux ou de propositions que je vous demande la permission d'énumérer.

C'est d'abord la Chambre des notaires d'Oloron qui a réclamé :

1o L'obligation de la forme authentique pour tous les actes ayant trait à la propriété immobilière ;

2o La reproduction obligatoire dans ces actes, de toutes les indications cadastrales ;

3o La création d'un répertoire foncier ;

4o La suppression de la transcription matérielle et le dépôt d'une expédition des actes à la conservation des hypothèques ;

5o L'extension de la publicité à tous les faits générateurs ou déclaratifs du droit de propriété.

De son côté, le Congrès foncier international, réuni en 1899, a indiqué comme mesure indispensable, l'énonciation précise dans les actes, de l'état-civil pour les individus et des renseignements cadastraux pour les immeubles.

Enfin, le Congrès général de la propriété immobilière en France dont les séances ont eu lieu à Rouen, du 11 au 16 octobre 1896, sous la présidence de M. Guillouard, professeur à la Faculté de droit de Caen, a émis le vœu suivant :

« Obligation de la transcription pour tous les actes et » conventions à titre onéreux et tous les jugements trans- » latifs, déclaratifs ou constitutifs de droits réels immobi- » liers ou portant résolution, extinction, renonciation ou » modification à ces mêmes droits. Application de la » transcription aux mutations par décès *ab intestat* ou » testamentaires ».

Les mêmes idées se retrouvent dans plusieurs propositions ou projets de loi présentés au Parlement depuis 1894.

En première ligne, vient la proposition de loi datée du 1er février 1894, émanée de MM. Dupuy-Dutemps, Brisson et Leygues, comportant notamment la création du casier civil et l'extension de la transcription. D'après cette proposition, la date de chaque décès devra être portée à la connaissance du Conservateur, soit par le Maire, soit par le Receveur de l'Enregistrement, soit par les parties elles-mêmes qui ne pourront procéder au partage, avant d'avoir fait transcrire une déclaration de la mutation dont elles bénéficient. Le défaut de transcription des testaments privera les héritiers ou légataires du droit d'aliéner ou d'hypothéquer les immeubles visés par le testateur.

Le 14 février 1894, M. Boudenoot a déposé à la Chambre des députés une autre proposition tendant à rendre obligatoire, la désignation des immeubles d'après les données du cadastre, « dans tous les actes déclaratifs ou » translatifs de droits réels immobiliers sous peine d'une » amende de 25 francs pour les rédacteurs des actes. »

Le 30 janvier 1896, le Sénat a pris en considération une proposition de M. Thézard, sénateur de la Vienne, ayant pour but d'appliquer la règle de la publicité obligatoire :

1º Aux testaments ou donations de biens à venir qui, pour être opposables aux tiers, devront être transcrits dans un délai de six mois à partir du décès ;

2º Aux actes ou jugements portant partage ou licitation, aux jugements ou transactions statuant sur une question de propriété, qui devront être transcrits dans le mois de leur date, sous peine d'une amende de 100 fr. contre le notaire, l'avoué ou les parties ;

3º Aux déclarations de succession *ab intestat* qui feront l'objet d'une mention d'office établie par le conservateur au vu de l'extrait qui lui sera adressé par le receveur de l'enregistrement.

La même proposition ajoute que les actes ou jugements relatifs aux droits immobiliers devront, sous peine d'une amende de 100 fr. contre le rédacteur de l'acte ou contre les parties intéressées si l'acte est sous-seing privé, contenir l'indication des articles de la matrice cadastrale relatifs aux immeubles auxquels s'applique le jugement ou la convention.

Le gouvernement lui-même s'est préoccupé de la question.

C'est ainsi que M. Darlan, ministre de la justice sous le ministère Méline, a présenté le 27 octobre 1896 à la Chambre des députés, un projet de loi qu'il avait fait élaborer par une commission présidée par M. Falcimaigne, conseiller à la Cour de cassation, et composée de MM. Fernand Faure, directeur général de l'enregistrement ; Olagnier, ancien président de la Chambre des notaires de Paris ; Fabre, président du Comité des notaires des départements et Géraud, ancien conservateur des hypothèques à Paris.

Le projet comportait :

1º La création du répertoire foncier ;

2º L'extension de la transcription obligatoire qui serait effectuée à la requête des notaires, des avoués ou des parties ;

3º Le remplacement de la transcription matérielle par le dépôt d'un extrait ou d'un double des actes, jugements ou déclarations de mutations par décès.

Enfin, tout récemment, en septembre 1900, M. Chastenet, député de Libourne, a déposé une proposition de loi (1) qui résume à peu près toutes les autres et dont les articles 2, 3, 4 et 5 sont ainsi conçus :

« Art. 2. — Toute déclaration de mutation par décès,
» tous actes et contrats déclaratifs, attributifs ou trans-
» latifs de droits réels immobiliers, ne pourront être

____

(1) Lire l'intéressant rapport fait par M. Chastenet sur sa proposition de loi. (*Journal officiel* du 19 juillet 1901, annexe 2325, documents parlementaires, page 578.)

» opposables aux tiers, s'ils n'ont été transcrits dans les
» trente jours de leur date.

» Art. 3. — L'identité des parties sera constatée par la
» production et les énonciations des actes de l'état-civil
» légalisés ; celle des immeubles, par l'extrait de la
» matrice cadastrale. Si les biens ont fait l'objet d'un
» partage ou d'un lotissement, on annexera au contrat
» le plan du morcellement à l'échelle du plan cadastral
» de la commune de la situation des biens certifié par un
» géomètre expert et, le cas échéant, les procès-verbaux
» de bornage. Ces pièces seront délivrées gratuitement si
» elles sont dressées par les agents de l'Etat. Ces justifi-
» cations sont imposées à tous actes authentiques ou sous
» signatures privées et à tous jugements et arrêts décla-
» ratifs, attributifs, translatifs de droits réels, ainsi qu'aux
» déclarations de mutation par décès.

» Au cas d'inexécution ou de justifications incomplètes,
» le receveur de l'enregistrement refusera la formalité, et
» s'il s'agit d'un officier ministériel, celui-ci sera tenu,
» séance tenante, d'une amende de 10 fr. sans décimes
» et non susceptible de remise ou de restitution sous
» quelque prétexte que ce soit.

» Art. 4. — Le service des mutations foncières est
» transféré à l'Administration de l'Enregistrement. Les
» Receveurs feront, jour par jour, au fur et à mesure des
» enregistrements, l'application des mutations sur un
» double des matrices cadastrales qui restera à leur
» bureau sans pouvoir être déplacé.

» Art. 5. — Il est établi, par commune, dans chaque
» bureau d'hypothèques, un répertoire foncier tenu par
» domaine, héritage ou exploitation, dans la forme du
» répertoire individuel prescrit par l'article 18 de la loi
» du 21 ventôse an VII et se référant à celui-ci ».

Tous ces projets, si intéressants qu'ils soient, sont restés dans les cartons et cependant la réforme hypothécaire est actuellement au point. Le Parlement n'a qu'à la voter.

Il est malheureusement à craindre que les adeptes du livre° foncier à force probante, fidèles à leur devise : « Tout ou rien », ne s'opposent à la réalisation du système adverse dont la mise en vigueur améliorerait rapidement notre législation hypothécaire.

Seuls les partisans du *statu quo* peuvent se réjouir de cette lutte qui durera peut-être encore longtemps, à moins que le collectivisme triomphant ne vienne bientôt, en supprimant la propriété individuelle, en décrétant que chaque immeuble appartient à tous, reléguer dans le monde des vieilles lunes nos lois hypothécaires actuelles, et dans celui des chimères, le livre foncier à force probante ainsi que les autres projets de réforme dont j'ai eu l'honneur de développer, ce soir, devant vous, les principales dispositions.

L. BOSC.